Ricky Roogle

Wie man **Skins** zeichnet für **Am@ng.us** Fans

KEIN OFFIZIELLES AMONG US PRODUKT. NICHT VON INNERSLOTH GENEHMIGT ODER MIT INNERSLOTH VERBUNDEN.

Bibliografische Information der Deutschen Nationalbibliothek:
Die Deutsche Nationalbibliothek verzeichnet diese Publikation in der Deutschen Nationalbibliografie; detaillierte bibliografische
Daten sind im Internet über http://dnb.dnb.de abrufbar.
© 2021 Ricky Roogle; 1. Auflage
Covergrafik, Texte & Illustrationen © 2020 Ricky Roogle
Kontakt Autor: ricky.roogle@t-online.de

Herstellung und Verlag: BoD – Books on Demand, Norderstedt
ISBN: 9783752657692

Platz für deine Zeichnung

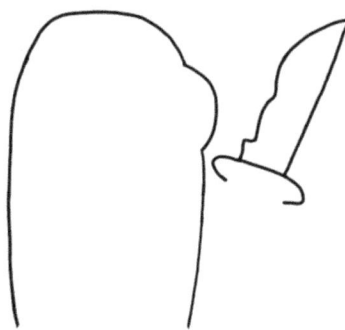

Schritt 1: Wir starten mit den Umrissen des Messers und des Körpers ohne die Beine

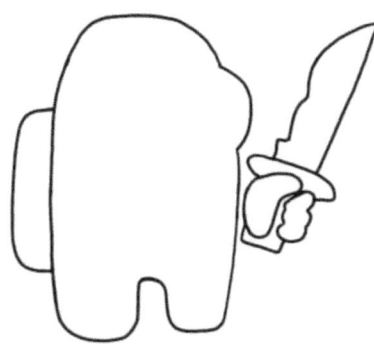

Schritt 2: Wir zeichnen den Körper zu Ende mit Beinen und Hand

Schritt 3: Wir zeichnen das Visier und den Sauerstofftank und weitere Details

Schritt 1: Wir starten mit den Umrissen der Banane und des Körpers ohne die Beine

Schritt 2: Wir zeichnen den Körper zu Ende und ergänzen Visier, Banane und erste Kleidungsteile

Schritt 3: Wir zeichnen den Sauerstofftank und weitere Details

Schritt 1: Wir starten mit den Umrissen des Helms und des Körpers ohne die Beine

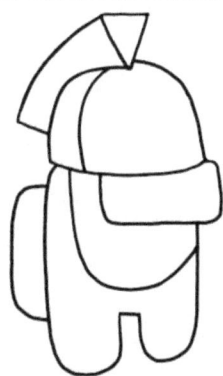

Schritt 2: Wir beenden den Körper, zeichnen den Sauerstofftank und Visier und ergänzen den Helm

Schritt 3: Wir vervollständigen die Zeichnung um weitere Details

Platz für deine Zeichnung

Schritt 1: Wir starten mit den Umrissen des Pfanzenhuts und des Körpers ohne die Beine

Schritt 2: Wir beenden den Körper, zeichnen das Visier und erste Kleidungsteile

Schritt 3: Wir zeichnen den Sauerstofftank und vervollständigen alles um weitere Details

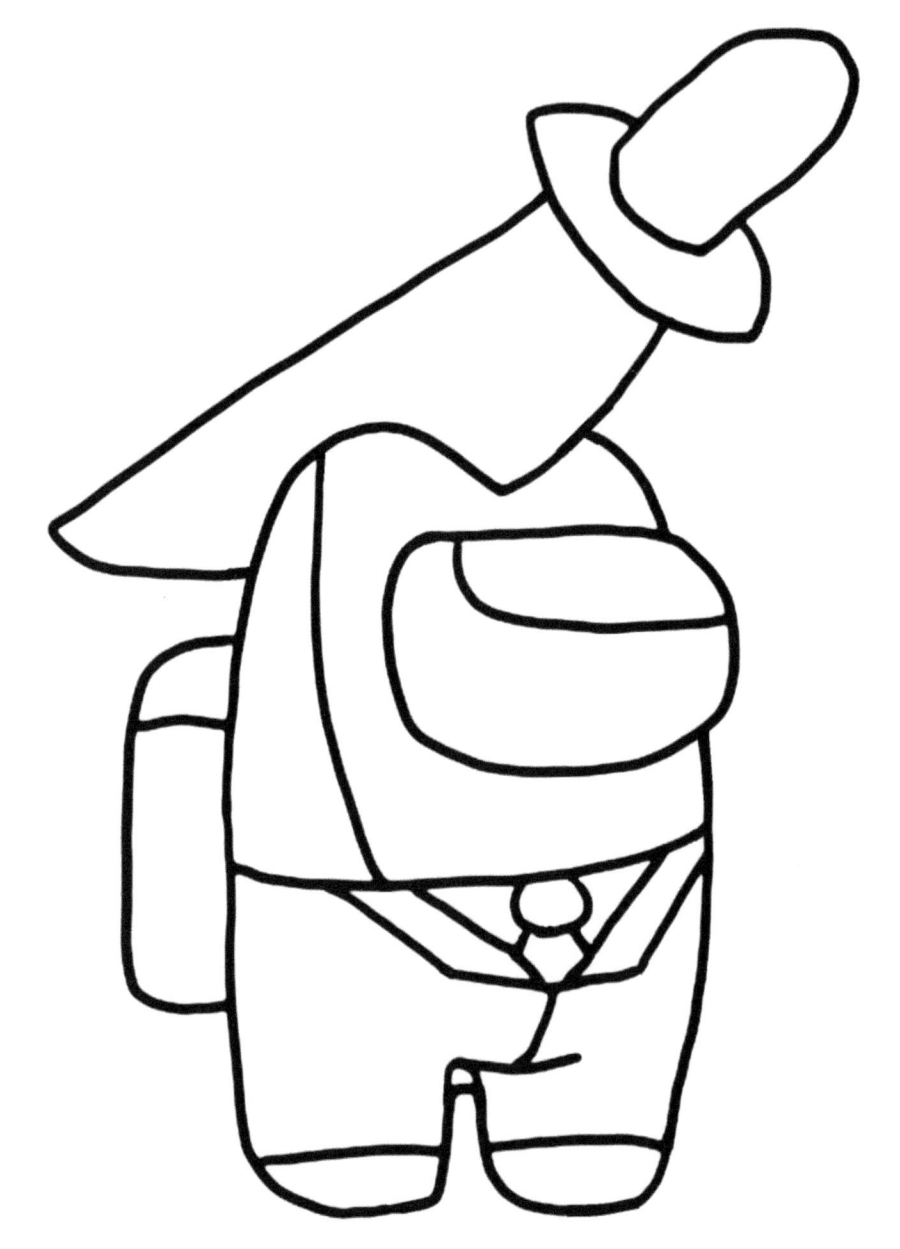

Schritt 1: Wir starten mit den Umrissen des Schwerts und des Körpers ohne die Beine

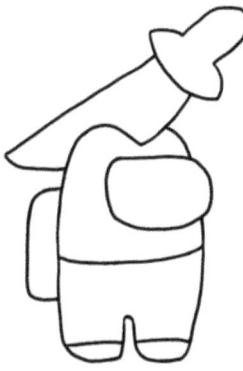

Schritt 2: Wir beenden den Körper, zeichnen den Sauerstofftank, Visier und ergänzen das Schwert

Schritt 3: Wir vervollständigen die Zeichnung um Kleidungsstücke und um weitere Details

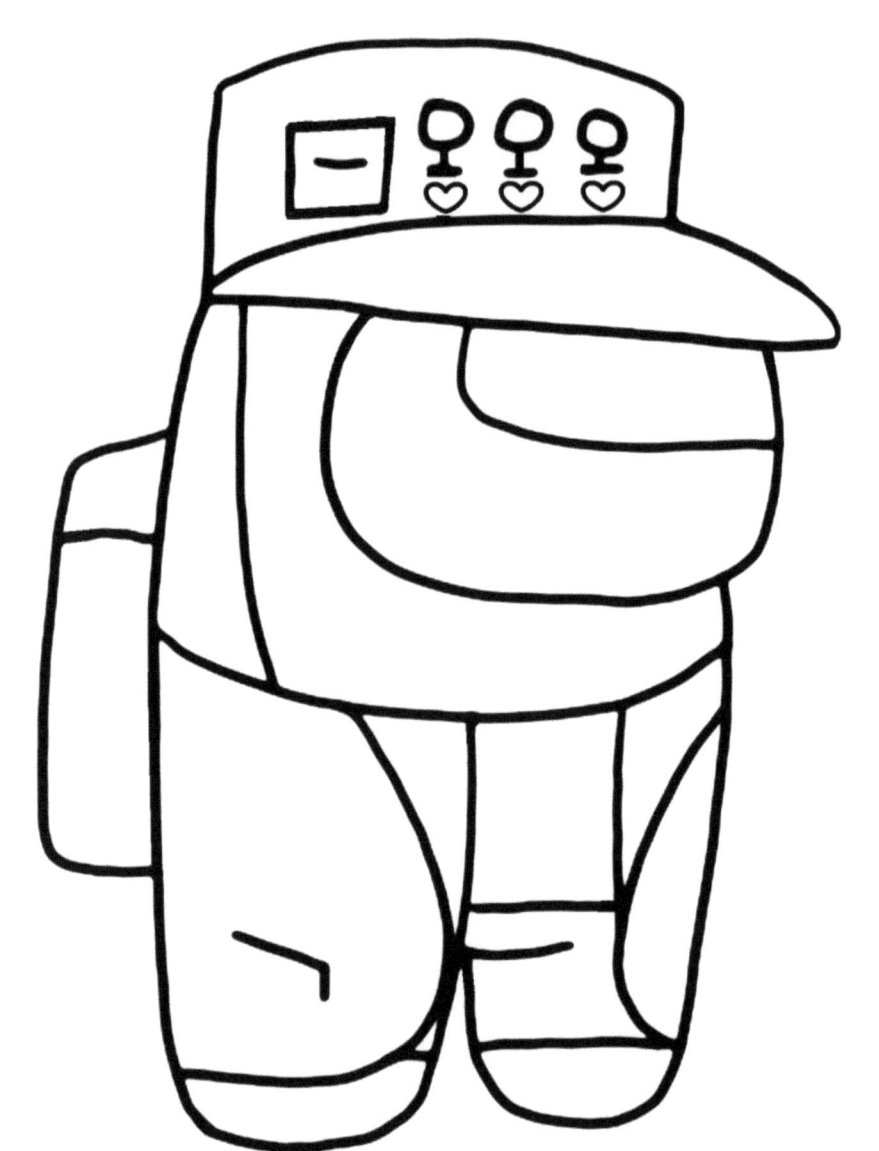

Schritt 1: Wir starten mit den Umrissen der Mütze und des Körpers ohne die Beine

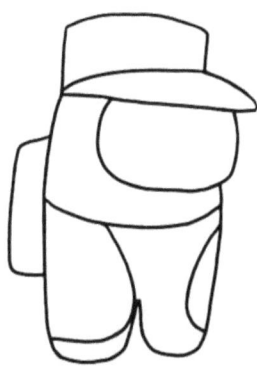

Schritt 2: Wir beenden den Körper, zeichnen den Sauerstofftank und Visier und erste Kleidung

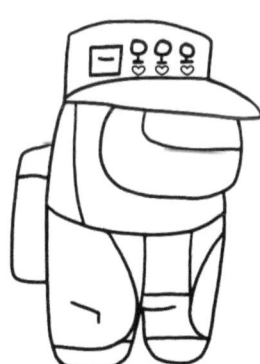

Schritt 3: Wir vervollständigen die Zeichnung um weitere Details

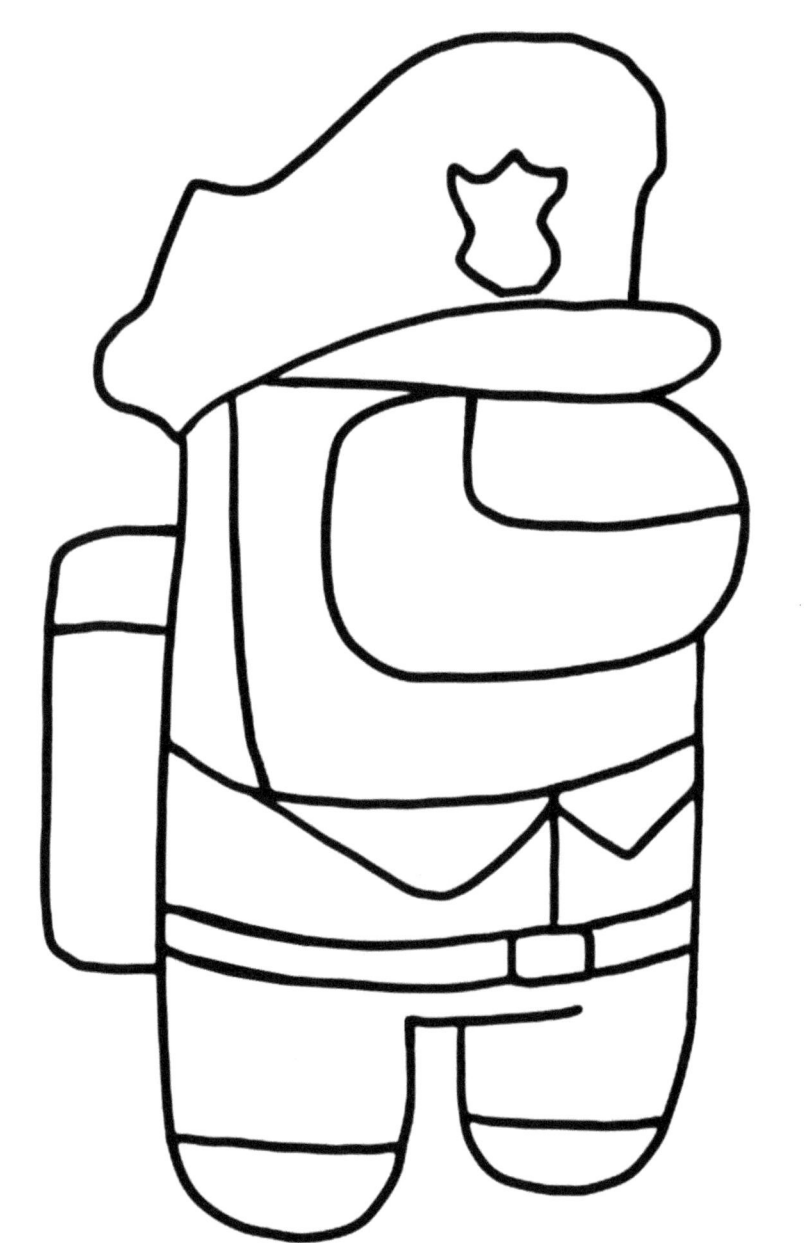

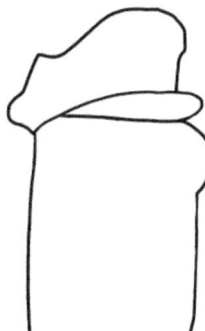

Schritt 1: Wir starten mit den Umrissen der Mütze und des Körpers ohne die Beine

Schritt 2: Wir beenden den Körper, zeichnen den Sauerstofftank und Visier und erste Kleidung

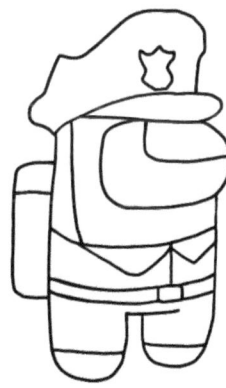

Schritt 3: Wir vervollständigen die Zeichnung um weitere Details

Schritt 1: Wir starten mit den Umrissen der Mütze und des Körpers ohne die Beine

Schritt 2: Wir beenden den Körper, zeichnen den Sauerstofftank und Visier und erste Kleidung

Schritt 3: Wir vervollständigen die Zeichnung um weitere Details

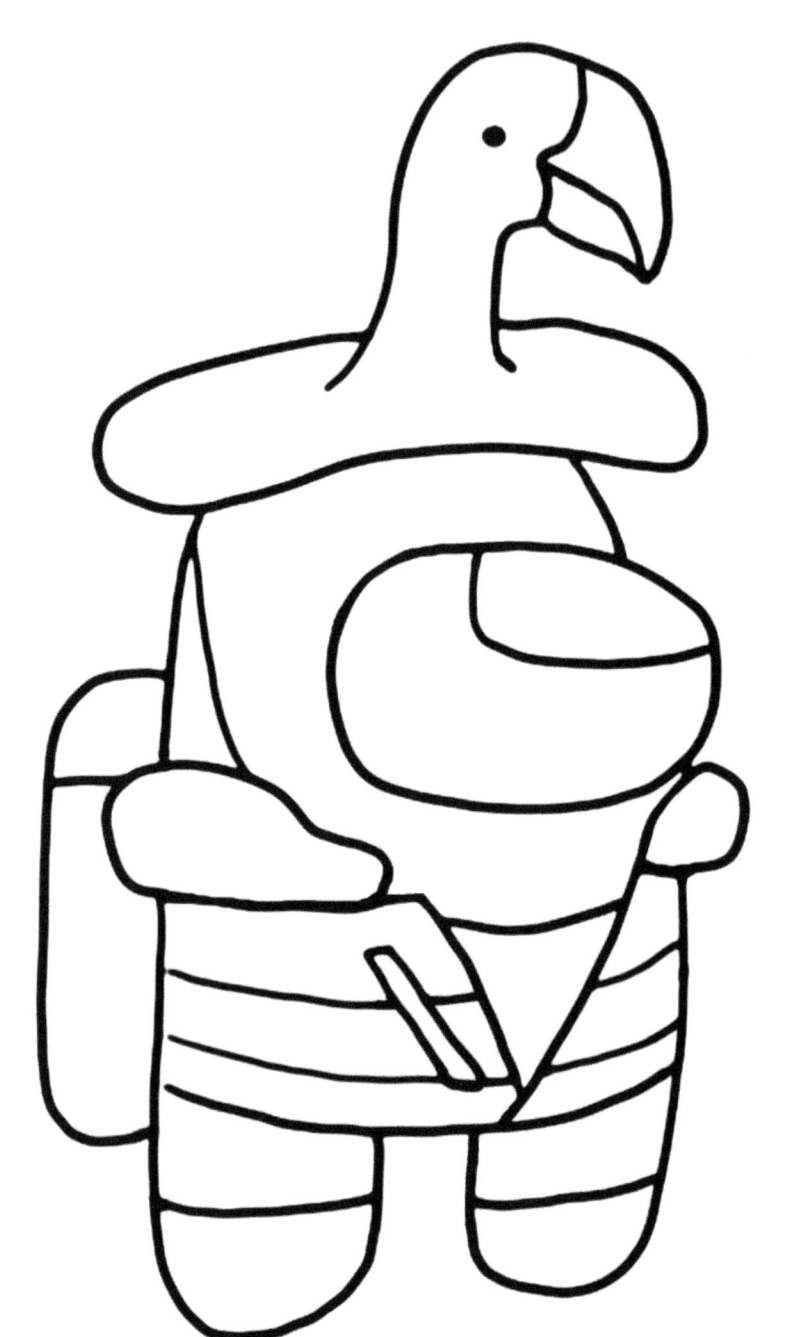

Schritt 1: Wir starten mit den Umrissen der Mütze und des Körpers ohne die Beine

Schritt 2: Wir beenden den Körper, zeichnen den Sauerstofftank und Visier und erste Kleidung

Schritt 3: Wir vervollständigen die Zeichnung um weitere Details

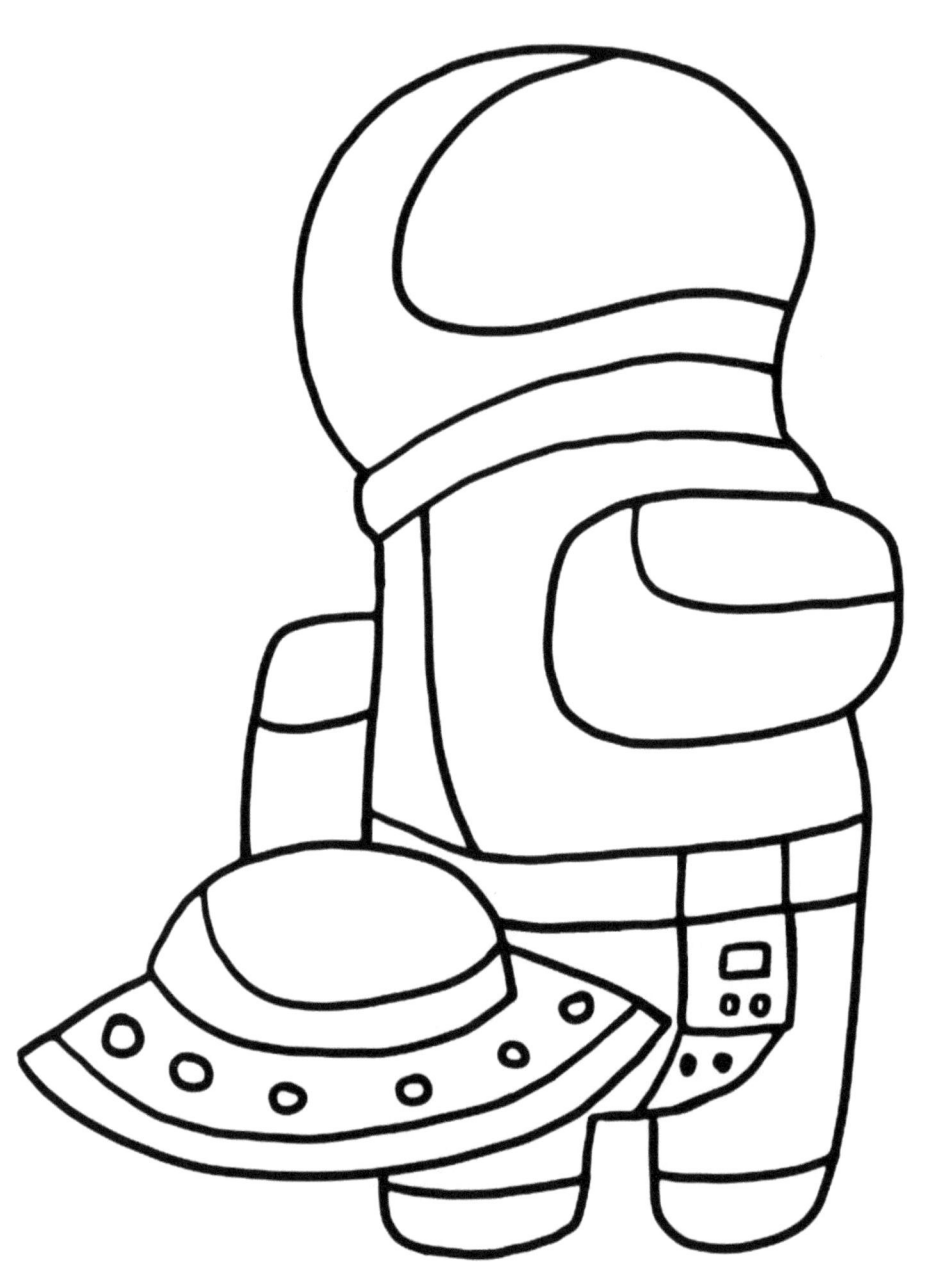

Platz für deine Zeichnung

Schritt 1: Wir starten mit den Umrissen der Mütze, des Körpers und des Ufos

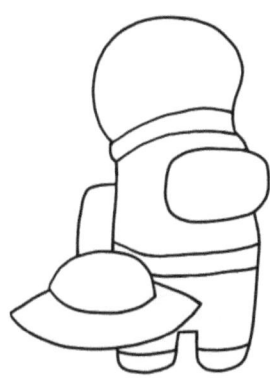

Schritt 2: Wir beenden den Körper, zeichnen den Sauerstofftank und Visier und erste Kleidung

Schritt 3: Wir vervollständigen die Zeichnung um weitere Details

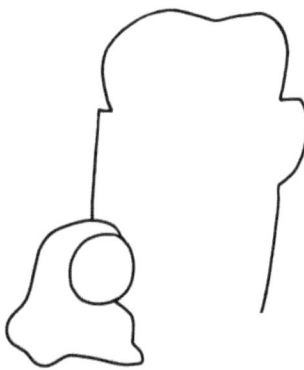

Schritt 1: Wir starten mit den Umrissen der Atemmaske, des Körpers und von Brainslug

Schritt 2: Wir beenden den Körper, zeichnen den Sauerstofftank und Visier und erste Kleidung

Schritt 3: Wir vervollständigen die Zeichnung um weitere Details

Schritt 1: Wir starten mit den Umrissen der Blume, des Körpers und vom Hund

Schritt 2: Wir beenden den Körper, zeichnen den Sauerstofftank und Visier und erste Kleidung

Schritt 3: Wir vervollständigen die Zeichnung um weitere Details

Platz für deine Zeichnung

Schritt 1: Wir starten mit den Umrissen des Huts, des Körpers und von Brainslug

Schritt 2: Wir beenden den Körper, zeichnen der Sauerstofftank und Visier und erste Kleidung

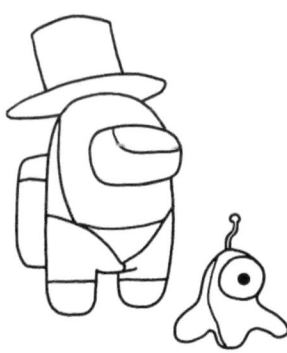

Schritt 3: Wir vervollständigen die Zeichnung um weitere Details

Schritt 1: Wir starten mit den Umrissen des Huts, des Körpers und vom Hamster

Schritt 2: Wir beenden den Körper, zeichnen den Sauerstofftank und Visier und erste Kleidung

Schritt 3: Wir vervollständigen die Zeichnung um weitere Details

Schritt 1: Wir starten mit den Umrissen der Mütze, des Körpers und von Bedcrab

Schritt 2: Wir beenden den Körper, zeichnen den Sauerstofftank und Visier und erste Kleidung

Schritt 3: Wir vervollständigen die Zeichnung um weitere Details

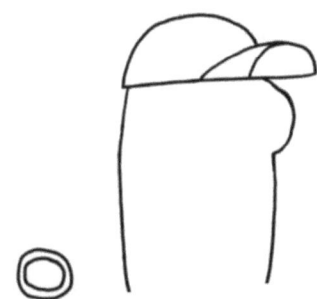

Schritt 1: Wir starten mit den Umrissen der Mütze, des Körpers und dem Kopf von Henry

Schritt 2: Wir beenden den Körper, zeichnen den Sauerstofftank und Visier und erste Kleidung

Schritt 3: Wir vervollständigen die Zeichnung um weitere Details und Henry

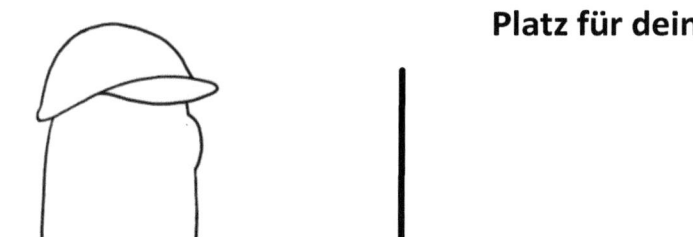

Platz für deine Zeichnung

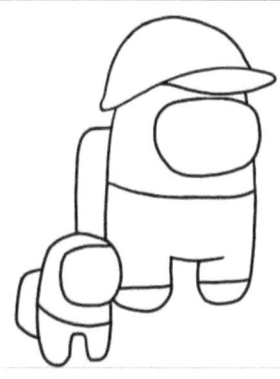

Schritt 1: Wir starten mit den Umrissen der Mütze, des Körpers und von Mini Crewmate

Schritt 2: Wir beenden den Körper, zeichnen den Sauerstofftank und Visier und erste Kleidung

Schritt 3: Wir vervollständigen die Zeichnung um weitere Details und Mini Crewmate

Schritt 1: Wir starten mit den Umrissen der Mütze, des Körpers und von Squig

Schritt 2: Wir beenden den Körper, zeichnen den Sauerstofftank und Visier und erste Kleidung

Schritt 3: Wir vervollständigen die Zeichnung um weitere Details und Squig

Platz für deine Zeichnung

Schritt 1: Wir starten mit den Umrissen der Mütze, des Körpers und von Ellie

Schritt 2: Wir beenden den Körper, zeichnen den Sauerstofftank und Visier und erste Kleidung

Schritt 3: Wir vervollständigen die Zeichnung um weitere Details und Ellie

Das SUPER AUSMALBUCH für Among.us Fans

Das CREWMATES AUSMALBUCH für Among.us Fans

Das SUPER LABYRINTHE BUCH für Among.us Fans

PASSWORT LOGBUCH für Among.us Fans

Das MATHE AUSMALBUCH für Among.us Fans

WIE MAN SKINS ZEICHNET für Among.us Fans

Das WORTSUCHRÄTSEL BUCH für Among.us Fans

Das SUPER QUIZBUCH für Among.us Fans

CARTOONS und WITZE für Among.us Fans

Notizbuch

Crewmate Notizbuch

Impostor Notizbuch